L'Abbé Alfred LARGEAULT

HAGIOGRAPHIE POITEVINE

LÉGENDE POPULAIRE

DE

SAINTE PEZENNE

ET DE

SAINTE MACRINE

RECUEILLIE SUR LES BORDS DE LA SÈVRE NIORTAISE

MELLE

IMPRIMERIE DE ED. LACUVE, LIBRAIRE-ÉDITEUR

M DCCC XCVI

LÉGENDE POPULAIRE

DE

SAINTE PEZENNE

ET DE

SAINTE MACRINE

L'Abbé Alfred LARGEAULT

HAGIOGRAPHIE POITEVINE

LÉGENDE POPULAIRE

DE

SAINTE PEZENNE

ET DE

SAINTE MACRINE

RECUEILLIE SUR LES BORDS DE LA SÉVRE NIORTAISE

MELLE

IMPRIMERIE DE ED. LACUVE, LIBRAIRE-ÉDITEUR

M DCCC XCVI

MATRI

SORORIQUE

Hancce mirabilem legendam, *quæ jam diu vicinos apud rusticos solet memoria recitari, mihi modo prælo subjiciendam in lucem edere placuit. Ideo vobis cum gaudio, o mater, o soror, vitæ atque oculis præferendæ, pagina mea dedicatur, pignus amoris charum. Scio enim vos eam lœtantes esse recepturas. Nonne vero fuit spectaculum grande ac laude dignum, quod mundo ostentarunt duæ olim puellæ, Pecinna nomine et Macrina, nostri ejusdem pagi incolæ, ut sacra fert traditio? Nam fortes illas in formoso tenelloque corpore pro virginitate tegenda visum est viriliter luctari, tum scilicet fallacem præpropere tyrannum effugiendo, tum totis viribus Deum tutorem invocando. Ecce quam sœvum certamen! sed et quam lœtus triumphus! Ita igitur præclare verus, afflante sancto Spiritu, clamat Apostolus:* Charitas numquam excidit (1), *et* spes autem non confundit (2).

Adeste, o Pecinna, o Macrina, virgines cœlicolæ, tutelæ præsentes patriæ Niortensis; respicite nos miseram adhuc vitam in terris degentes. Vos autem ambæ o felices, quæ fuistis inimici perfidi a cunctis insidiis divinitus liberatæ, sic nunc agite ut ab homine iniquo et doloso eruat nos Dominus (3), *et perpetuo* custodiat nos ab omni malo (4).

Scribebam ego humilis parochus Alf. Prosp. Franc. Largeault in villa Calriaco prope Niortum constitutus, die festo divæ Pecinnæ (5), *anno Christi nati* M° DCCC° LXXV° (6).

---

(1) S. Paul., *I Cor.*, XIII, 8. — (2) S. Paul., *Rom.*, V, 5. — (3) *Psalm.*, XLII, 1. — (4) *Psalm.*, CXX, 7. — (5) 25 juin. — (6) Le lecteur fera attention que ces pages, destinées à l'impression en 1875, n'ont vu le jour qu'au mois de mai 1896, vingt ans après. Qu'il sache aussi que des additions récentes, en bien petit nombre, ont été faites au texte primitif.

PROTESTATION

Pour obéir aux constitutions du saint-père le pape Urbain VIII (1625-1631-1634), l'auteur proteste et déclare qu'il ne regarde comme vraiment *vénérables, bienheureux, saints* et *martyrs* que les personnages qui ont été reconnus tels par l'autorité de l'Eglise. Si, dans le présent écrit, il donne ces titres à des serviteurs de Dieu qui n'en sont pas pourvus par décret apostolique, il veut qu'on n'y voie que l'expression de son estime et la marque de ses sentiments de vénération à leur égard. Quant aux faits miraculeux cités dans le même écrit, l'auteur déclare aussi qu'il ne reconnaît comme vrais miracles que ceux qui ont été approuvés par l'autorité du saint-siége : il n'entend attribuer aux faits extraordinaires et merveilleux, mentionnés par lui et non approuvés, qu'une autorité purement humaine et toute personnelle, réclamant seulement pour eux une créance ordinaire, celle qui est due à des faits simplement historiques. Fils respectueux et soumis, l'auteur n'a rien tant à cœur que de se conformer fidèlement aux décisions de la sainte Église sa mère, sans vouloir de lui-même rien préjuger.

PROLOGUE

En quittant l'Eden où il vivait dans la compagnie de Dieu, l'Homme déchu emporta en son sein de merveilleux souvenirs, d'immortelles espérances. C'est avec cela que l'humanité naissante consola son exil et berça sa misère.

Mais la mémoire des temps antiques s'éclipsa peu à peu. Bientôt le flambeau de la révélation primitive n'éclaira plus qu'un petit coin du monde.

Des fictions insensées, filles de l'ignorance et des passions, prirent la place de la divine Vérité.

La FABLE naquit.

Chaque peuple eut sa théogonie et sa cosmogonie propre.

L'idée du *surnaturel* surnageait toujours.

Le poète a dit :

L'homme est un dieu tombé qui se souvient des cieux (1).

Oui, l'idée d'un monde supérieur sera pour l'homme l'éternel tourment. Par sa nature, quoi qu'il dise, quoi qu'il fasse, il est lié à cette idée pour jamais. Il ne peut vivre sans elle ; il la lui faut, vraie ou défigurée.

La FABLE antique, pâle reflet des traditions primitives, constitue par les dehors une conception brillante et poétique. Au fond, tout est absurde, tout est grossier, tout est impur.

Les dieux et les héros n'ont rien de sublime, rien de divin. Ils ne sont que l'image agrandie de l'homme avec ses erreurs et ses concupiscences natives.

Cependant le génie humain était impuissant à remonter à l'*idéal*, et la création tout entière, perdue dans une idolâtrie sans nom, s'éloignait sans cesse de sa fin.

Dieu bon dut envoyer le Réparateur promis.

Avec le christianisme, la divine Vérité, longtemps voilée, resplendit. Comme un vivant soleil, elle illumine le monde nouveau. Le *surnaturel* coule à pleins bords.

Mais l'esprit de l'homme, toujours obscurci, toujours vacillant, ne peut s'attacher exclusivement au vrai. Sa soif du *surnaturel* ne semble ensuite jamais satisfaite.

Alors, jeune et souriante, la LÉGENDE aux ailes d'or prit son vol et descendit sur la terre.

Création suave et héroïque, parfois terrible, toujours sainte et presque divine, la LÉGENDE chrétienne diffère du tout au tout de la FABLE païenne ; avec elle l'idéal s'épure, s'ennoblit, grandit.

(1) Lamartine, *Premières Méditations poétiques*, 2ᵐᵉ Méditation, vers 70.

Enfantée par l'imagination populaire, transmise de bouche en bouche, commentée et embellie de siècle en siècle, elle est à la fin monumentée par l'écriture.

C'est l'œuvre d'esprits simples, souvent illettrés, mais toujours sincères, croyants, pleins de poésie et de pieuse rêverie. s'inspirant à la source des plus sublimes sentiments chrétiens. Sans tenir grand compte de la réalité des faits, poussé par l'admiration, l'amour et la foi, l'auteur ne vise qu'à une chose, à glorifier son héros.

Dans l'hagiographie, la *légende populaire* côtoie presque toujours la *légende historique*. Une infinité de saints ont été l'objet, tout à la fois, et de récits réels et de récits inventés.

Le travail de la critique consiste précisément à démêler les légendes vraies d'avec les légendes fausses.

Ces dernières se montrent généralement plus merveilleuses ; les actions des personnages sont plus extraordinaires, les miracles plus nombreux.

Le nombre des légendes hagiographiques populaires est immense. Beaucoup, restées à l'état oral, courent encore les campagnes.

Faut-il les dédaigner ? La critique historique doit-elle n'en tenir nul compte ?

Je ne le crois pas.

Les légendes des saints purement populaires offrent un vrai intérêt ; elles ont un côté sérieux, même au point de vue historique. On fera bien de les ramasser toutes avec soin, quelques fabuleuses qu'elles paraissent.

Elles attestent d'abord l'existence, le culte et la popularité des personnages saints dont elles parlent.

Elles apportent des éléments ethnographiques pour l'étude des mœurs chrétiennes à travers les âges ; elles donnent la mesure de la foi religieuse de tel ou tel pays, à une époque déterminée.

Elles constituent un genre de littérature religieuse populaire qui a son attrait.

Ces diverses raisons m'ont fait recueillir la légende de sainte Pezenne et de sainte Macrine, qui a cours sur les bords de la Sèvre.

*
* *

La Sèvre !

Voyez-vous — sur la carte — comme, dans son parcours, elle décrit mille circuits capricieux, changeant à chaque instant de direction, coulant tantôt vers un point de l'horizon, tantôt vers un autre.

Après avoir lentement traversé le département des Deux-Sèvres, elle se glisse, pour arriver vite à la mer, entre les pays d'Aunis et de Vendée qu'elle délimite ?

On dirait, couché au fond de la vallée, un immense serpent qui déroule au soleil ses anneaux azurés : sa queue mince se tord au loin sur la colline, tandis que sa pesante tête se plonge dans l'Océan comme pour y boire à longs traits.

La Sèvre s'échappe des flancs du petit plateau de la Fombedoire, dans la commune de Sepvret, élevé de 150 mètres au-dessus du niveau de la mer ; son cours n'a pas moins de 165 kilomètres de développement, quoi qu'il n'ait guère en ligne droite que 80 kilomètres de sa source à son embouchure.

Ignoré des anciens géographes, son nom celtique (1) apparaît tard dans le moyen âge sous les variantes de *Severa, Sevria, Sevriacus, Severis, Separis* (2).

Elle est un des plus petits fleuves de France, ce qui ne lui enlève ni son charme, ni son importance, ni, je dirai même, sa célébrité.

Que de souvenirs historiques et légendaires s'attachent à ses rives !

Géologues et hydrographes ont décrit la formation de son bassin, ont tracé la configuration de son lit (3).

Touristes, poètes et peintres ont, tour à tour, admiré, chanté, peint ou dessiné le riche et beau pays où elle promène nonchalamment ses eaux (4).

C'est, tout le long, des champs plantureux, des prés verts, des riants coteaux, des fraîches vallées, des bois ombreux pleins d'oiseaux chanteurs, avec des moulins, des habitations rustiques, des villas, des châteaux, des bourgs et des villes, et dans un site pittoresque des vieilles ruines d'abbaye et de donjon, restes majestueux d'un âge fameux.

Mais, spectacle étrange ! voici le Marais, le Marais profond, s'étendant à perte de vue, à droite et à gauche de la Sèvre, le Marais avec ses innombrables rigoles et canaux, son infinité d'îles et d'îlots verdoyants, ses curieuses *cabanes* isolées ou groupées çà et là, ses files interminables de peupliers, ses gras pâturages, ses troupeaux épars, et ses bateaux petits et grands, allant et venant et sillonnant à toute heure le lit du fleuve qui ne se repose pas (5).

(1) Il a pour origine le sanscrit *savara*, eau. (Cf. Pictet, *une énigme d'onomastique fluviale*, dans la *Rev. celt.*, t. II, p. 439.)

(2) *Arch. hist. du Poitou*, t. III, p. 425 ; t. XVIII, p. 611 ; — Pierre de Maillezais, dans Labbe, *Nova bibl. manuscript.*, t. II, p. 222.

(3) De Laforre, ingénieur en chef, *Canal maritime de Niort à Marans et à l'Océan*, dans les *Mém. de la Soc. de stat. du dép. des Deux-Sèvres*, 1re série, t. V (1841), pp. 167-185 ; — Maire, ingénieur en chef, *Carte générale du bassin de la Sèvre Niortaise*. Niort, lith. H. Echillet, s. d. (1852), 56 feuilles in-fol. dont 3 de texte.

(4) Aug. Peux, *La Sèvre Niortaise, ode*. Niort, Dépierris, an XI, in-8° ; — Th. Arnauldet, *Niortéides*, t. I, pp. 69-116 ; — L. de Kadoré [Ludowic Guette], *En Sèvre. Notes de voyage. Préface de Pierre Loti*. Niort, L. Clouzot, 1889, in-8°, XII-96 pp., 50 dessins et 1 carte géogr. — Peintures : Achille de Savignac de Montamy, *Le Rocher du moulin de Salbœuf* [Sciecq] ; — Combe-Velluet, *Le Vivier, à Niort ; La couche de la Belette* [le Vanneau] ; — Giraudeau-Laurent, *La Sèvre, à la Regratterie* [Niort] ; — Sauzéau, *Le quai des Tanneries* [Saint-Maixent] ; Léon Barillot, *La Sèvre, à Coulon*. — Duplais-Destouches, *Un laitier de Coulon, en Sèvre* (aquarelle).

(5) *Lettre de Henri de Navarre à Madame la comtesse de Gramont*, dans le *Recueil des lettres missives de Henri IV*, t. II, p. 224 ; — Baugier, *Le Marais de la Sèvre, ses aspects, ses habitants*, dans les *Mém. de la Soc. de stat. des Deux-Sèvres*, 1re série, t. IV (1840), pp. 140-150 ; — Théophile Giraudeau, *Les Marais mouillés de la Sèvre en 1863*. Niort, imp. L. Favre et Cie, (1863), in-8°, 84 pp.

Ah ! ç'a été toujours une rude travailleuse que la Sèvre, adonnée durant des siècles aux labeurs incessants de la navigation et du commerce (1).

Combien j'aime à m'écrier avec mon poète :

O Sèvre ! ô fleuve heureux ! je suis né sur ta rive... (2).

Coule, petite rivière chère à mon cœur, coule toujours dans ton lit enchanté, fais tourner nos moulins et nos usines, porte encore nos bateaux et leur marchandises, abreuve nos troupeaux, arrose nos prairies, alimente nos puits, nos réservoirs et nos canaux, nourris les grands arbres de la rive et les plantes frêles du Marais, répands au loin dans les campagnes la fécondité et la fraîcheur, ne manque pas de fournir à nos tables tes poissons de toute sorte et tes oiseaux aquatiques sans nombre.

*
* *

Sur la rive droite de la Sèvre, à 9 kilomètres en amont de Niort, est situé le bourg de Saint-Maxire. Resserré entre un petit vallon au midi et une large et profonde vallée au nord, il occupe une sorte de promontoire dominant à l'est le cours de la rivière.

C'est le point topographique où la Sèvre, extrêmement sinueuse comme j'ai dit, fait la courbure la plus saillante.

Partie de Sepvret dans la direction de l'est, elle s'incline bientôt insensiblement vers le nord jusqu'à la hauteur du bourg de Chey ; elle passe ensuite à l'ouest après de nombreux circuits, et suit cette nouvelle ligne, toujours en serpentant, depuis Saint-Maixent jusqu'à Saint-Maxire. Arrivée là, elle se tourne vers le midi, brusquement et à angle droit, et coule vers Sainte-Pezenne. A partir de Niort, elle reprend peu à peu sa marche vers l'ouest, et s'en va ainsi se jeter dans la mer.

Or, juste en face du coude que forme la Sèvre en accostant Saint-Maxire, s'ouvre la grande vallée qui limite le bourg du côté du nord. Cette vallée, appelée vallée du Puysac, se bifurque au niveau de la ferme de la Couture : la branche septentrionale, plus courte, se dirige vers Villiers-en-Plaine ; l'autre branche se prolonge fort loin, jusque vers les pentes de la butte de Lesson, dans le département de la Vendée.

Sèche la plus grande partie de l'année, la vallée du Puysac est sillonnée l'hiver par de forts courants. A l'entrée, coule avec abondance la fontaine pérenne dite de Saint-Maxire, qui se déverse aussitôt dans la Sèvre.

— « C'est l'ancien lit de la Sèvre », disent les gens du pays, et, comme preuve, ils citent la tradition locale.

Un jour sainte Pezenne et sainte Macrine étaient poursuivies. Par ses

---

(1) Ch. Arnauld, *La Sèvre Niortaise, son histoire et celle de sa navigation*, dans les *Mém. de la Soc. de stat. des Deux-Sèvres*, 1re série, t. V, (1841), pp. 141-157 ; — A. Gouget. *Mémoires pour servir à l'histoire de Niort. I. Le Commerce, XIIIe-XVIIIe siècle*. Niort, Mme Clouzot et fils, 1863, in-8°, 106 pp.

(2) Fontanes. *La Maison rustique* (OEuvres. Paris, Hachette, 1839, t. I, p. 185), chant I, vers 57.

prières, saint Maxire détourna le cours de la rivière, et barra le chemin au persécuteur des deux saintes qui furent sauvées. Depuis ce temps, la Sèvre passe à Sainte-Pezenne et de là à Niort.

Inutile de remarquer que messieurs les géologues n'admettent pas l'explication et contredisent la légende.

Selon eux, la vallée du Puysac, comme tant d'autres vallées, rappellerait tout au plus l'existence d'un ancien cours d'eau disparu et représenté, à l'heure actuelle, par la belle fontaine de Saint-Maxire.

Laissons dire les géologues, gens sans foi et sans poésie ; abandonnons-les à leurs froids systèmes et à leur terminologie barbare. J'aime mieux ma légende ; tant pis s'ils ne sont pas contents.

Il est vrai d'ajouter que d'autres récits placent le théâtre du miracle sur un point différent, pas très éloigné, un peu en aval du bourg de Saint-Maxire, toujours dans la même commune.

La légende, en ce cas, s'appliquerait à la vallée de Quatrevaux, qui part de la Sèvre au-dessous du moulin de Périgné, et se dirige du côté du bourg de Saint-Remy. La rivière aurait jadis suivi cette vallée, puis, après avoir rattrapé celle de Torfou qui lui fait suite, elle serait allée rejoindre son lit actuel, au niveau de l'écluse de la Roussille.

Mais, dans cette version, ce n'est plus saint Maxire qui aurait été l'auteur du prodige, c'aurait été saint Remi.

Quoi qu'il en soit, la légende populaire de sainte Pezenne et de sainte Macrine, racontée ici ou là, reste au fond toujours la même. Je tiens à le constater.

*
* *

Qu'est-ce que sainte Pezenne, *Pecinna* ? Qu'est-ce que sainte Macrine, *Macrina* ?

L'historicité des deux saintes est hors de doute, mais les détails de leur vie ne sont pas aussi sûrs.

La légende ecclésiastique qu'on a d'elles (1) semble en effet, tout ancienne qu'elle soit, l'écho de récits plutôt traditionnels qu'historiques. Elle fut vraisemblablement composée vers la fin du XIᵉ siècle, à l'occasion de la découverte, en 1098, du corps de sainte Pezenne (2), qui avait dû être caché au temps des invasions Normandes.

En voici une analyse très sommaire :

Pezenne, surnommée Persévérande, était originaire d'Espagne et issue de parents nobles. Toute jeune, elle conçut le projet de se consacrer à Dieu. A cet effet, elle fonda un monastère, de concert avec deux autres vierges, Colombe et Macrine, qui étaient sœurs. Mais un chef barbare du nom d'*Oliverius* ne tarda pas à les persécuter. Pour échapper au danger, elles furent forcées de se séparer et de prendre la fuite. Après sept jours

(1) Bolland., *Act. SS.*, ad diem XXV junii.

(2) *Chronicon Sancti Maxentii Pictavensis*, éd. Marchegay, dans les *Chroniques des églises d'Anjou*, p. 416.

de marche, Pezenne et Macrine parvinrent dans le *pagus* de Poitou, au lieu dit *Taurinicus* (Thorigné). Là, Pezenne, exténuée de fatigue, expira entre les bras de Macrine, comme les satellites d'*Oliverius* arrivaient. Les chrétiens du lieu inhumèrent pieusement la jeune vierge à l'endroit où l'on n'a depuis cessé de l'invoquer et d'obtenir par son intercession des grâces sans nombre.

La déposition de la vierge Pezenne est célébrée, le 7 des calendes de juillet (1).

Les Bollandistes supposent que nos saintes existaient au IXe siècle, à l'époque des invasions des Normands, ou mieux encore au siècle précédent, vers l'année 727, lorsque les Sarrasins d'Espagne envahirent la France.

Dom Chamard (2) les croit beaucoup plus anciennes ; il les fait vivre au commencement du IVe siècle, dans la dixième persécution romaine. Elles auraient été victimes de la cruauté de Dacien, gouverneur d'Espagne.

Une autre opinion, qui est la mienne, s'appuyant sur la légende latine elle-même, sur la topographie locale et sur le martyrologe Hiéronymien, veut que sainte Pezenne et sainte Macrine soient des vierges martyres, lesquelles versèrent leur sang à Rome, dans l'une des premières persécutions. Elles sont devenues chez nous saintes *locales*, par suite : — de l'apport de leurs restes sacrés à une date très reculée, — de la vénération extraordinaire qu'on leur a vouée dans le pays, — des miracles nombreux qui se sont accomplis de tout temps dans leurs sanctuaires (3).

Outre l'église de Sainte-Pezenne près de Niort, qui possédait, au XIe siècle, le corps de la sainte, deux autres églises paroissiales de l'ancien Poitou étaient placées sous son vocable :

1º Sainte-Pexine, canton de Mareuil, arrondissement de la Roche-sur-Yon (Vendée), annexée depuis le concordat aux Moutiers-sur-le-Lay ;

2º Sainte-Pazanne, canton du Pellerin, arrondissement de Paimbœuf (Loire-Inférieure).

3º De plus, une église collégiale de « Sainte-Pécinne » avait été fondée au XIe siècle, à Saint-Quentin (Somme), par Hugues, comte de Vermandois, qui y avait apporté des reliques de la sainte.

Sainte Pezenne est inscrite dans le martyrologe romain au 26 juin, sous le nom de *Persévérande*.

Sainte Macrine, dont la légende du XIe siècle ne relate ni la mort ni la sépulture, est honorée dans l'île de Magné, à 8 kilomètres de Niort.

Le sanctuaire où reposaient autrefois ses reliques s'élève sur un plateau qui a pris le nom de *Butte Sainte-Macrine ;* il est mentionné dans le

---

(1) Cf. *Légende de sainte Pezenne et de sainte Macrine, vierges-martyres, près Niort*, dans la *Revue de l'Ouest*, nos des 4 et 6 juillet 1893.

(2) *Hist. ecclés. du Poitou*, t. I, p. 78.

(3) Cf. mes *Recherches historiques sur sainte Pezenne et sainte Macrine, vierges-martyres, honorées près de Niort (Deux-Sèvres)*.

cartulaire de Saint-Cyprien de Poitiers (1), dès le Xe siècle (en 936 ou 937).

La dévotion à sainte Macrine est toujours florissante et populaire dans la contrée. L'antique *capella*, siége d'un prieuré dans le moyen âge, reste encore un lieu de pèlerinage très fréquenté. L'affluence des fidèles y est surtout considérable le 6 juillet de chaque année, jour de la fête. On s'y rend en foule de plusieurs lieues à la ronde.

Le culte de sainte Macrine, comme celui de sainte Pezenne, s'est répandu en divers lieux dans le Poitou et hors du Poitou :

1° La Chapelle-Thireuil, canton de Coulonges-sur-l'Autize, arrondissement de Niort (Deux-Sèvres). — Sainte Macrine est la patronne *du lieu*; culte remontant au moins au XVe siècle.

2° Abbaye de Sainte-Croix de Poitiers. — Inscrite au 6 juillet, dans le calendrier des fêtes, fin du XVe siècle.

3° Boisbreteau, canton de Brossac, arrondissement de Barbezieux (Charente). — Titulaire de l'église paroissiale ; le dimanche qui suit le 6 juillet, concurremment avec la fête religieuse, frairie profane ; tableau moderne de la sainte.

4° Le Gué-de-Velluire, canton de Chaillé-les-Marais, arrondissement de Fontenay-le-Comte (Vendée). — Titulaire de l'ancienne église prieurale jusqu'en 1678 ; préveil, le 6 juillet et le dimanche suivant ; tableau de la sainte.

5° La Gaubretière, canton de Mortagne-sur-Sèvre, arrondissement de la Roche-sur-Yon (Vendée). — Chapelle dans l'église paroissiale dès le XVIIe siècle, supprimée peu avant 1870 ; — ancien tableau de la sainte.

6° Eglise paroissiale de Saint-André de Niort. — Autel, vitrail et tableau de la sainte.

*
* *

L'imagination populaire n'a pas manqué de s'exercer sur le compte de nos saintes.

Divers récits plus merveilleux les uns que les autres circulent dans les campagnes avoisinant les communes de Sainte-Pezenne et de Magné. Quelques-uns ont été publiés. L'un d'eux a même été mis en vers sous le titre de « La Bergère de la Sèvre » ; il a trait à sainte Pezenne seule (2).

Sainte Pezenne menait, dit-on, la vie pastorale. Belle, pieuse et chaste, elle faisait l'admiration de tous. Remi, jeune pâtre des environs léger et volage, fut épris de ses charmes, et l'innocente vierge eût bientôt tout à craindre de l'ardeur de sa passion. Un soir que, seule dans la campagne avec son troupeau, elle s'était attardée à prier au pied d'une croix, le séducteur tenta de la surprendre. Pezenne se mit aussitôt à fuir.

---

(1) Léon Faye, *Recherches géographiques sur les vigueries du pays d'Aunis*, dans les *Mém. de la Soc. des Antiq. de l'Ouest*, Ire série, t. XII (1847), p. 383 ; — Rédet, *Arch. hist. du Poitou*, t. III, pp. 325, 429.

(2) Th. Arnauldet, *Niortéides*, t. II, pp. 155-166.

Mais, épuisée de fatigue et de soif, elle est forcée de s'arrêter avant d'avoir atteint le sommet du coteau. Dans ce pressant besoin, elle se récrie à Dieu. Soudain une source d'eau vive jaillit du sol. Elle s'y désaltère à longs traits, et reprend ses forces. Arrive Remi. Pezenne lui montre le prodige, et le menace de la colère divine. Remi est tout à coup converti ; il se retire dans la solitude pour y faire pénitence, et il devient un saint. C'est lui qui est honoré comme patron de la paroisse de Saint-Remy voisine de celle de Sainte-Pezenne.

Une autre légende chère aux Maraichins, laquelle regarde sainte Macrine, semble empruntée à la vie traditionnelle de sainte Radegonde. Elle nous montre la sainte *sevraise* fuyant devant son persécuteur, qui selon quelques-uns n'est autre que Gargantua. Pour se dérober à ses poursuites, elle se réfugie dans un champ où l'on venait de semer de l'avoine. L'avoine croît aussitôt miraculeusement, et sainte Macrine échappe aux atteintes de son ennemi (1).

On raconte encore que sainte Macrine. toujours poursuivie, aborda *à pied sec*, dans l'île de Magné. Un pont de pierre construit en un clin d'œil sur la Sèvre, au gué de Mennevault, lui en avait facilité le moyen (2).

On voit que ces récits se ressemblent beaucoup par un côté, et sont calqués sur un même thème. Ils reproduisent le fond de la légende ecclésiastique du XIe siècle. C'est toujours un persécuteur, un séducteur, qui poursuit les saintes et en veut à leur chasteté ; elles prennent la fuite et sont miraculeusement préservées.

La légende que j'offre, à mon tour, ne diffère pas des autres sous ce rapport : seulement la merveille est peut-être ici plus grande encore.

Qu'on en juge.

---

(1) L'abbé P. Picard, *Histoire abrégée de Sainte-Macrine, de Magné, et de Sainte-Pezenne, près Niort*, p. 30 ; — Léo Desaivre, *Gargantua en Poitou avant Rabelais*, dans la *Revue de l'Aunis, de la Saintonge et du Poitou*, t. IX (1er semestre 1869), p. 344.

(2) Lary, *Mémoire* [sur deux voies romaines secondaires inédites] *lu à la séance générale de la Société de statistique*, dans les *Mém. de la Soc. de stat. des Deux-Sèvres*, 1re série, t. V (1841), p. 31.

LA LÉGENDE

DE

SAINTE PEZENNE & DE SAINTE MACRINE

(Les astérisques indiquent les pauses à faire dans la lecture.)

Depuis de longues années, — en ces temps barbares inconnus à l'Histoire, — le bienheureux Père Maxire servait Dieu sur les bords solitaires de la Sèvre. [I]

On l'avait toujours connu vieux comme il était, * la barbe blanche, le front chauve, le dos cassé, * soutenant, à l'aide de son bâton, sa marche défaillante.

On l'avait toujours vu habitant la cabane de rouche et de branchage * qu'il avait dressée de ses mains au penchant de la colline, * à côté de l'église rustique construite en bois.

Sa vie, calme et uniforme, * s'était passée tout entière à chanter les louanges de Dieu, * à guérir les malades, à bénir les petits enfants, * à prêcher à tous la paix et la charité.

Et, d'un bout à l'autre de la vallée arrosée par la Sèvre, * de la source à l'embouchure, * les peuplades chrétiennes vénéraient le bienheureux Père Maxire comme un saint, * et le consultaient comme un oracle.

*
* *

Non loin de l'ermitage du vieil anachorète, * plus haut, sur la rive opposée, * deux jeunes vierges vivaient ensemble,

A l'ombre d'un petit monastère, caché sous le feuillage et la verdure, * comme un nid de douces colombes. [II]

Elles étaient sœurs, * et avaient nom Pezenne et Macrine.

O merveilles de grâce et de beauté ! O chastes et ravissantes créatures ! Anges du ciel égarés sur la terre !

Comme de brillantes fleurs des champs, épanouies en plein soleil, * elles embellissent de leurs charmes et embaument de leurs vertus la solitude enchantée.

Fi de l'hymen et des amours terrestres ! A elles, les embrassements divins et les extases sans fin sur le cœur de l'immortel époux !

Le regard en haut, portées sur les ailes de la rayonnante espérance, * elles marchent encore ici-bas, * mais leurs pieds touchent à peine la terre, prêtes qu'elles sont à s'envoler au ciel.

*
* *

Un matin, à l'époque du solstice d'été, * le soleil radieux montait lentement dans l'espace, * versant sur la terre encore humide de rosée des flots de lumière et de chaleur.

Saint Maxire, agenouillé à la porte de sa cellule, priait.

L'esprit ravi au ciel, * il conversait amoureusement avec Dieu, en compagnie des anges et des saints, * pendant que les petits oiseaux, joyeux, * voletaient à l'entour de lui ou gazouillaient dans le bocage, * et que les eaux roulantes de la rivière se brisaient en murmurant contre les grandes pierres du gué voisin.

Tout à coup, une immense clameur, * partie du cours supérieur de la Sèvre, * éclata dans l'air comme un sinistre signal, * et vola par dessus la cîme des grands arbres et le sommet des collines.

— « Salbart ! Salbart ! » [III]

L'anachorète est sorti de son extase, * il se relève en frémissant, * et son œil troublé interroge l'horizon.

Colons et bêtes de somme, * pâtres et troupeaux, * marchands, pèlerins, gens qui voyagent et chariots, * tout, dans les champs et sur les chemins, * se sauve en désordre, et cherche un refuge où il peut.

Seules, au milieu de l'affolement général, * deux jeunes femmes fuyaient en toute hâte, à travers les plaines désertes.

Elles se donnaient la main. Dans leur course précipitée, * les voiles blancs qui couvrent leurs têtes flottaient au vent, * et s'accrochaient aux ronces et aux épines des buissons.

Leurs pieds délicats, chaussés de légères sandales, * étaient meurtris par les cailloux et les aspérités de la route suivie.

Puis, à l'orient, dans le lointain, * le serviteur de Dieu aperçut un petit point noir qui oscillait vaguement, * et qui grossissait d'instant en instant.

Bientôt, au milieu d'un tourbillon de poussière, * il put

reconnaître des hommes à cheval, * armés, nombreux, tout une troupe.

— « C'est lui ! c'est Salbart et ses gens d'armes ! le terrible Salbart dont le sombre donjon se dresse sur la hauteur, par delà ces coteaux !

« Le voici, l'air menaçant, * qui marche à la tête de sa troupe.

« Ah ! les mécréants, pillards, tueurs d'hommes et d'enfants, * ravisseurs de femmes !

« Les chevaux excités par l'éperon dévorent l'espace, * ils accourent, rapides comme la flèche ; * tout à l'heure ils les auront atteintes.

« Malheur ! »

Et, en poussant ce cri suprême de détresse, * le vieillard éperdu a tendu vers le ciel ses deux bras suppliants.

Le ciel s'entrouvre : * un rayon mystérieux s'en échappe et vient illuminer le front du vieillard...

*
* *

Saint Maxire, plein de force, rajeuni, redresse sa haute taille.

Et, comme autrefois Moïse au bord de la mer Rouge, * d'un geste puissant, il lève son bâton sur le fleuve qui coule à ses pieds.

Aussitôt les eaux, dociles à son commandement, s'accumulent ; * elles s'amassent en forme d'une montagne.

Puis, changeant brusquement de direction, * au lieu de couler vers l'ouest comme avant, * elles se jettent à gauche, * et prennent leur route vers le midi.

Un lit neuf se creuse spontanément devant elles, * et elles s'y précipitent avec fracas.

L'onde roule, impétueuse et mugissante, au travers des campagnes étonnées.

Elle s'agite et bouillonne, * bondit et se soulève en vagues furieuses que couronne une blanche écume.

Et elle s'avance sans relâche du côté des cavaliers.

On dirait une troupe de cavales sauvages, * à la crinière échevelée et ondoyante, qui galoppent dans la plaine à la rencontre d'autres cavales.

*
**

A présent, on distingue clairement les hommes d'armes de Salbart, * tout bardés de lourdes armures.

Leurs casques coniques en fer poli étincellent au soleil comme autant de gerbes de feu, * et les larges fers des lances qu'ils agitent frénétiquement projettent mille éclairs.

Toujours en avant, le farouche Salbart anime ses compagnons du son de sa trompe.

Encore un peu, * et les infâmes soudards porteront leurs mains impures sur les deux angéliques créatures, * qui, épuisées de fatigue, gravissent avec peine le coteau escarpé * où s'élèvera plus tard la bourgade de Sainte-Pezenne.

Mais le fleuve merveilleux a grossi ; * il s'est enflé d'une manière prodigieuse, * et il approche, il approche en grondant.

Au moment où, une dernière fois, * Salbart et les siens relançaient leurs coursiers sur les pas des jeunes vierges, * il crève !...

Et une immense nappe d'eau, barrière infranchissable, * s'épand au devant des chevaux effrayés qui se cabrent, * et qui, à demi submergés, s'efforcent de revenir en arrière.

Salbart, lui, n'a pas reculé : * brandissant sa lance, écumant de rage, blasphémant, * il brave du sein des flots l'élément déchaîné qui combat contre lui,

Tandis que sainte Pezenne et sainte Macrine, * émues et tremblantes à la vue du prodige, * sont tombées à genoux sur le haut de la colline, * et bénissent Dieu au fond de leur cœur.

Et bien loin, au-dessus des rives de la Sèvre, * on voyait encore saint Maxire, * qui, le bras levé, * tenait toujours son bâton étendu sur le fleuve.

*
**

Depuis ce temps, * la Sèvre a roulé ses flots d'argent * dans le lit nouveau, creusé par un miracle.

Elle n'a cessé de s'acheminer vers l'océan, * par la même voie sinueuse, * après avoir côtoyé la ville de Niort * dont, au passage, elle emprunte le nom.

Et, dans l'ancien lit, maintenant desséché, * l'herbe pousse et les moissons croissent ; * les pâtres y font paître leurs troupeaux, * et le laboureur y conduit sa charrue en chantant. [IV]

NOTES

I

Saint Maxire n'est pas un saint *local*, ayant vécu et étant mort dans le pays, comme voudrait le faire croire notre légende, et comme on l'a imprimé dans une histoire sérieuse.

L'appellation onomastique de *Maxire*, orthographiée aussi *Macire*, *Massire* (1), est la forme romane du nom d'homme hébraïque Matthias, diminutif lui-même de celui de Mathathias (*don du Seigneur*).

Saint Matthias, apôtre, honoré le 24 février et, dans les années bissextiles, le 25, est en effet titulaire de l'église paroissiale de Saint-Maxire.

Des chartes du Xe et du XIe siècles fournissent les correspondants latins *sanctus Macirius*, *sanctus Macirrius*, *sanctus Mascirius*, *sanctus Mascilius* (2), traduction évidente de *saint Maxire*.

D'autres documents latins, à peu près comtemporains, donnent à la même localité le nom de *sanctus Mathias* (3).

Il est donc faux de dire qu' « Il est certain que le bourg de Saint-Maxire, près de Niort, honorait primitivement pour son patron, non pas saint *Mathias*, comme l'a cru l'auteur du *Grand-Gautier*, mais un saint du nom de *Mascilius* ou *Mascirus* » (4).

La transformation de *Matthias* en *Maxire* s'est opérée conformément aux lois de la phonétique locale.

Les consonnes dures *tth* ont été remplacées — par euphonie — par les consonnes douces *c*, *ss*, *x*, qui leur correspondent.

Une mutation analogue s'est produite dans les noms d'hommes :

Matthæus, *Matthieu, Macieu, Macé, Mahé.*

Mathurinus, *Mathurin, Mathelin, Macelin, Mascelin.*

dans le nom de lieu :

Biterris, *Béziers* (Aude).

dans les noms de choses :

linteum, *linge* ; linteolum, *linceul.*

Cette flexion adoucie se pratique encore dans le pays. On dit cou-

(1) *Arch. municip. de la ville de Niort*, n° 1671 ; — *Arch. hist. du Poitou*, t. XVII, p. 73 ; — André Duchesne, *Hist. généalog. de la maison des Chasteigners*, Preuves, p. 99.

(2) *Arch. hist. du Poitou*, t. III, pp. 13, 71, 330 ; — A. Bardonnet, *Hommages d'Alphonse, comte de Poitiers*, pp. 30, 31, 32.

(3) *Documents inédits pour servir à l'histoire du Poitou*, publiés par la Société des Antiquaires de l'Ouest, p. 6 ; — Rédet, *Documents pour l'histoire de l'église de Saint-Hilaire de Poitiers*, dans les *Mém. de la Soc. des Antiq. de l'Ouest*, 1re série, t. XIV (1848), p. 348 ; — *Pouillé de Gauthier de Bruges*, Biblioth. de Poitiers, n° 381 (37).

(4) Dom Chamard, *Hist. eccl. du Poitou*, t. I, p. 358.

ramment Massias pour Matthias. Il en est de même à Barbezieux (Charente), où l'église paroissiale est aussi placée sous le vocable de saint Matthias.

En second lieu, la désinence *ias* s'est transformée par voie d'assourdissement en *ire*. La syllabe forte est devenue muette, comme dans les autres noms d'hommes hébraïques Elias, *Elie*, Tobias, *Tobie*, et un *r* euphonique a été intercalé en plus.

II

Pour donner corps à la fiction, je placerais volontiers l'habitation de nos saintes au lieu dit *Milan*, commune d'Echiré, dans un des plus agréables méandres de la Sèvre.

C'est là qu'était située l'antique villa de Milon que Clovis donna à Saint-Maixent (1), en 507, après la bataille livrée à Alaric, près de Poitiers, dans le *campus Vogladensis*.

En face, de l'autre côté de la rivière, sur un petit promontoir, s'élèvent les ruines imposantes du château Salbart (2).

III

L'idée de faire un nom d'homme du nom de Salbart n'est pas une invention purement romanesque. Un de nos plus érudits historiens poitevins a écrit que « la villa donnée par Clovis au saint abbé Maixent, usurpée par quelque noble franc, sans doute par Salbart, et passée par conquête ou autrement au pouvoir des Parthenay, devint entre leurs mains une châtellenie dans laquelle était compris Milon, premier chef-lieu de ce domaine » (3).

La conjecture émise par le savant archiviste est certainement très admissible : le terrible personnage de notre légende serait par suite moins imaginaire qu'il semble au premier abord.

IV

Il n'est pas impossible de trouver dans les recueils hagiographiques des exemples analogues de saints miraculeusement protégés par les eaux.

Bernard Gui, évêque de Lodève, mort en 1331, a inséré dans son *Sanctorale* un ancien récit légendaire qui a trait à la question : il est relatif à saint Gène ou Hygin, un des patrons de Lectoure (Gers), honoré le 3 mai, sous le titre de confesseur.

---

(1) Mabill., *Act. SS. ord. S. Bened.*, t. I, p. 579.

(2) Baugier, *Le Château de Salbar*, dans les *Mém. de la Soc. de stat. des Deux-Sèvres*, 1re série, t. V (1841), pp. 65-74 ; — Ch. Arnauld, *Monuments religieux, militaires et civils des Deux-Sèvres*, pp. 145-150 ; — Em. Espérandieu, *Le château Salbart*, dans les *Paysages et monuments du Poitou, photographiés par J. Robuchon*, livraisons 168-169, pp. 27-38.

(3) A. Richard, archiviste de la Vienne, *Etude critique sur les origines du monastère de Saint-Maixent*, p. 45.

Ce saint vivait au temps des persécutions romaines, peut-être sous Dioclétien, au IVe siècle ; il avait détourné beaucoup de personnes du culte des idoles. Les *tyrans* qui résidaient à Auch envoyèrent trente soldats à Lectoure pour l'arrêter ; mais, à leur approche, la rivière du Gers qu'il fallait traverser crût, tout à coup, à tel point qu'ils ne purent parvenir jusqu'au serviteur de Dieu. Après deux jours d'attente, reconnaissant enfin dans ce fait l'intervention divine, ils demandèrent pardon au saint confesseur et se firent baptiser. Ils souffrirent ensuite le martyre (1).

Un autre exemple offre une analogie plus frappante avec notre légende. Il est pris dans les actes de sainte Edeltrude ou Ediltrude, vulgairement Audry, reine d'Angleterre, vierge et abbesse d'Ely, morte en 679 et fêtée le 23 juin. L'auteur est un moine du monastère d'hommes d'Ely, nommé Thomas, qui écrivait avant la fin du XIIe siècle.

Mariée en secondes noces à Egfrid, roi de Northumberland, sainte Edeltrude avait obtenu de ce prince son consentement pour pouvoir se consacrer à la vie religieuse. Mais celui-ci, changeant bientôt d'avis, voulut reprendre son épouse avec lui. A cette nouvelle, la sainte quitte son monastère et se réfugie avec deux de ses religieuses sur une dune élevée, au bord de la mer. La mer aussitôt sort de son lit et vient entourer le monticule de ses flots pressés. Les eaux restèrent là permanentes durant sept jours, tout le temps que le roi fut sur les lieux (2).

Je ne veux pas omettre un troisième fait qui se rapporte encore à notre sujet. Il est tiré d'un très ancien office (Xe siècle) de sainte Berthe, abbesse et fondatrice du monastère d'Avenay, canton d'Ay, arrondissement de Reims (Marne), laquelle fut méchamment mise à mort par ses beaux-fils, à la fin du VIIe siècle.

Le monastère qu'elle venait de construire manquait d'eau. Après avoir prié Dieu, elle se mit en quête, et elle trouva dans la campagne, à une distance de deux milles environ, une fontaine qu'elle acheta pour le prix d'une livre d'argent. Alors, traçant sur le sol un sillon avec sa quenouille, elle fit suivre l'eau de la fontaine et l'amena jusqu'au monastère. Ensuite,

(1) Videntes ergo eum milites a longe venientes quasi stadia quindecim, statim fluvius, qui locum illum præterfluit, ut dictum si quasi incredibile, impetu inenarrabilium undarum eructavit sursum, ita ut nullus per eum transitum facere potuisset. Videntes autem milites, quod ex jussu Dei alveus ipse inundaret, timor et tremor invasit eos quasi ad mortem... Steterunt autem in eodem loco quasi biduo : tertio denique die, gaudio pleni et spiritu veritatis accensi, perveniunt ad B. Genium, prostrati in terra ante pedes ejus... » (Bolland., *Act. SS.*, ad diem, 3 maii.)

(2) « Sed sanctimonialis femina, gemens et anxia nunc geminato timore, dulces latebras coacta fugit, et exiit, Dominoque suam intentius pudicitiam commendavit. Et digressa clam ambitum loci, cum duabus Dei ancillis Sewenna Sewara, collem eminentem prope qui Coldebruchhevet, quod latine Caput Coldeburgi dicitur, adiit et ascendit. Sed Deus, qui ventis et mari imperat et obediunt ei, non derelinquit sperantes in se. Illius jussu credimus fieri, quod mare suum alveum egrediens, nunc aquas multipliciter effundens, locum, in quem sacræ virgines ascenderant, circumdedit ; et sicut ab incolis loci accepimus, per septem continuos dies sine cibo et potu in oratione consistentes eas occuluit ; et (quod mirabile dictu est) solitos recursus obliviscens, quamdiu Rex illic aut penes locum morabatur, stetit ita aqua, ad ostendendum cunctis Virginis meritum : et aqua erat ad adjutorium et ad tuendum, et quasi aqua non erat ad nocendum sive disperdendum. » (Bolland., *Act. SS.*, ad diem 23 junii.)

elle donna au cours d'eau le nom de *Livre*, en souvenir du prix qui avait été payé pour la fontaine (1).

Une chose est certaine, c'est que la Livre, affluent de la Marne, passe à Avenay.

* *

Grand est le rôle qu'a joué l'eau dans les miracles depuis le commencement du monde, avant et après Jésus-Christ.

Il serait intéressant d'écrire l'histoire des merveilles accomplies par le moyen d'un élément qui tient une si grande place dans la nature. Le sujet est vaste.

J'y jetterai un simple coup d'œil, et je m'attacherai seulement aux faits principaux.

Il s'agit ici, bien entendu, de miracles réputés véritables et authentiques. Nous rentrons dans la réalité historique. J'écarterai le plus possible tout récit légendaire.

Je tirerai mes exemples : 1° de la Bible, livre divin auquel l'homme doit une foi pleine et entière ; 2° des livres liturgiques revêtus de l'autorité de l'église : Bréviaire romain, Martyrologe romain, Offices concédés par le saint-siége.

Très peu de citations seront empruntées aux auteurs ecclésiastiques privés.

Voici d'abord les miracles de l'eau qui sont relatés dans l'Ancien et le Nouveau Testament.

Aux jours de la création, Dieu crée les eaux ; il les sépare des terres, et il leur assigne une place, l'an 4963 avant Jésus-Christ. *(Gen., I.)*

Dieu fait pleuvoir pendant quarante jours et quarante nuits, et les eaux du déluge universel couvrent la terre, 3308 av. J.-C. *(Gen., VII.)*

Une source d'eau est montrée miraculeusement à Agar dans le désert, environ 2266 av. J.-C. *(Gen., XXI, 9-19.)*

Moïse change en sang toutes les eaux de l'Egypte, 1645 av. J.-C. *(Exod., VII, 14-25.)*

Passage de la mer rouge à pied sec par les Israélites, sous la conduite de Moïse, 1645 av. J.-C. *(Exod., XIV.)*

Moïse rend douces les eaux de Mara qui étaient amères, en y jetant du bois, 1645 av. J.-C. *(Exod., XV, 23-25.)*

Moïse fait jaillir une source d'eau du rocher d'Horeb, 1645 av. J.-C. *(Exod., XVII, 1-7.)*

(1) « Tunc sancta mater Deo plena, colo, quam manu tenebat, cœpit terram fodere, et in modum sulci rigam facere, orans ac dicens : Ostende nobis, Domine, misericordiam tuam et salutare tuum da nobis. Revertens namque ad monasterium, colum eadem post se trahebat, tantaque abundantia aquæ eam sequebatur, ut ad usus omnes hominibus pertinentes, sufficeret : sicut usque hodie apparet. Nomen quoque sancta mater fluviolo ipsi composuit, dicens : Libra vocaberis : quia una libra pro emptione tui data est. » (Bolland., *Act. SS.*, ad diem 1 maii.)

Les Israélites passent le Jourdain à pied sec, sous la conduite de Josué, 1605 av. J.-C. (*Jos.*, III.)

Le prophète Elie, enlevé au ciel en 887 avant J.-C., divise les eaux du Jourdain en les frappant avec son manteau, et il passe à pied sec accompagné de son disciple Elisée. (*IV Reg.*, II.)

Le prophète Elisée, mort vers 832 avant J.-C., opère le même prodige en se servant du manteau d'Elie dont il avait hérité. (*IV Reg.*, II.)

Elisée rend saines les eaux de la fontaine de Jéricho qui étaient malfaisantes. (*IV Reg.*, II, 18-22.)

Elisée fait remplir d'eau un torrent qui était à sec, et abreuve trois armées (d'Israël, de Juda, d'Idumée) qui mouraient de soif dans le désert d'Idumée. (*IV Reg.*, III.)

Naaman, généralissime des troupes du roi de Syrie, est guéri de la lèpre, en se plongeant sept fois dans le Jourdain, sur l'ordre du prophète Elisée. (*IV Reg.*, V.)

Elisée fait revenir sur l'eau le fer d'une cognée qui était tombé dans le Jourdain. (*IV Reg.*, VI, 1-7.)

Le prophète Jonas, qui vivait vers 817 avant J.-C., est jeté à la mer pour calmer la tempête dont il était la cause; il est sauvé par une baleine. (*Jon.*, I et II.)

A Jérusalem, au temps de Jésus-Christ, les eaux de la piscine Probatique ou de Béthesda guérissaient toute espèce de maladie. L'ange du Seigneur venait remuer l'eau, et le premier qui descendait après cela dans la piscine était guéri, l'an 31 de l'ère vulgaire. (*Joan.*, V, 1-7.)

Jésus-Christ apaise la tempête, l'an 31. (*Matth.*, VIII, 23-27.)

Jésus-Christ marche sur les eaux avec saint Pierre, l'an 32. (*Matth.*, XIV, 22-33.)

Encore, à Jérusalem, existait la piscine de Siloé, célèbre par le miracle de l'aveugle-né auquel Jésus-Christ rendit la vue en lui ordonnant d'aller s'y laver les yeux, l'an 32. (*Joan.*, IX.)

Saint Paul, allant à Rome pour comparaître devant César, est battu d'une violente tempête; il est réconforté par un ange qui lui apparaît; il encourage les matelots et les passagers, et il leur annonce qu'ils échapperont sains et saufs, l'an 61. (*Act. Ap.*, XXVII.)

***

Je donnerai maintenant la liste de divers miracles de l'eau qui ont eu lieu depuis Jésus-Christ, au sein de l'Eglise. Je les ai rangés sous des titres spéciaux.

1° *Saints qui marchent sur les eaux, à travers les eaux.*

Saint Blaise, évêque de Sébaste, en Arménie, martyrisé vers 316. (*Brev. rom. Appendix*, 3 febr.)

Saint Spiridion, évêque de Trémithonte, en Chypre, mort peu après 347. (*Vita*, 14 dec.)

Saint Maur, disciple de saint Benoît, fondateur et abbé de Glanfeuil, + 584. (*Brev. rom.*, 15 jan.)

Sainte Aldegonde, vierge et abbesse de Maubeuge, + 684. (*Boll.* 30 jan.)

Saint Alleaume ou Adelelme, moine de la Chaise-Dieu, abbé de Saint-Jean *de la Vouga*, près Burgos, en Espagne, + vers 1100. (*Boll.*, 30 jan.)

Saint Pierre d'Alçantara, franciscain espagnol, + 1562. (*Brev. rom.*, 19 oct.)

Sainte Germaine Cousin, vierge, bergère de Pibrac, + vers 1601. (*Off. concess.*, 15 jun.)

2° Saints qui traversent la mer, les fleuves, sur un manteau.

Saint Hyacinthe, dominicain polonais, + 1257. (*Brev. rom.*, 16 aug.)

Saint Raymond de Pennafort, 3e général des Dominicains, + 1275. (*Brev. rom.*, 23 jan.)

Saint François de Paule, fondateur des Minimes, + 1507. (*Brev. rom.*, 2 apr.)

Saint Joseph de Léonissa, franciscain italien, + 1612. (*Brev. rom. App.*, 4 febr.)

3° Saints qui apaisent les tempêtes, qui préservent du naufrage.

Saint Nicolas, évêque de Myre, en Lycie, + vers 342. (*Brev. rom.*, 6 dec.)

Saint Romain, prêtre de Blaye (Gironde), honoré le 24 novembre, + 382. (S. Greg. Tur., De *Glor. conf.*, cap. XLVI.)

Saint Amand, évêque de Maëstricht, + 675. (*Boll.* 6 febr.)

Bienheureuse Marie de Socos (*du secours*), 1re religieuse du tiers ordre de Notre-Dame de la Merci, + 1290. (*Brev. rom. App.*, 22 sept.)

Sainte Brigitte, fondatrice de l'ordre du Sauveur à Wadstena, diocèse de Linkœping, en Suède, + 1373. (*Brev. rom.*, 8 oct.)

Saint François Xavier, Apôtre des Indes, + 1552. (*Vita*, 3 déc.)

Saint Louis Bertrand de Valence, dominicain espagnol, + 1581. (*Brev. rom. App.*, 10 oct.)

Bienheureux Alexandre Sauli, évêque d'Aléria (Corse), puis de Pavie (Italie). + 1592. (*Brev. rom. App.*, 23 apr.)

Saint François Caracciolo, fondateur des Clercs réguliers mineurs, + 1608. (*Brev rom.*, 4 jun.)

4° Saints qui arrêtent les inondations de la mer, des fleuves; qui font reculer la mer.

Saint Grégoire Thaumaturge, évêque de Néocésarée, dans le Pont, + vers 270. (*Brev. rom.*, 17 nov.)

Saint Hilarion de Tabatha, instituteur de la vie monastique en Palestine, + vers 371. (*Boll.*, 21 oct.)

Saint Paul, 1er évêque de Léon, en Armorique, + vers 579. (*Boll.*, 12 mart.)

Saint Romain, évêque de Rouen, + 638. (*Boll.*, 23 oct.)

5° *Saints sauvés miraculeusement des eaux.*

Sainte Marthe, de Béthanie, sœur de saint Lazare, + 1er siècle. (*Brev. rom.*, 29 jul.)

Saint Apollinaire, 1er évêque de Ravenne, martyrisé en 79. (*Brev. rom.*, 23 jul.)

Saint Satyre, frère de saint Ambroise, + 379. (*Boll.*, 17 sept.)

Saint Quodvultdeus, évêque de Carthage, confesseur de la foi sous Genséric, + vers 468. (*Mart. rom.*, 26 oct.)

Saint Placide, disciple de saint Benoît, martyrisé en 541. (*Brev. rom.*, 15 jan.)

Saint Malo, Maclou ou Macou, évêque d'*Aletum*, en Armorique, + 565. (*Vita*, 15 nov.)

Sainte Angèle Mérici, fondatrice des Ursulines, + 1540. (*Brev. rom.*, 31 mai.)

Saint Jean de la Croix, fondateur des Carmes déchaussés, + 1591. (*Brev. rom.*, 24 nov.)

Sainte Hyacinthe Mariscotti, religieuse italienne du tiers ordre de Saint-François, + 1640. (*Brev. rom. App.*, 6 febr.)

Saint Paul de la Croix, instituteur des Passionistes, + 1775. (*Brev. rom.*, 28 apr.)

6° *Martyrs jetés vivants à l'eau, qui sont sauvés par un ange ; qui surnagent, ayant une pierre attachée au cou.*

Saint Nazaire et saint Celse, martyrisés à Milan, 1er siècle. (*Brev. rom.*, 28 jul.)

Saint Faustin et saint Jovite, frères, martyrisés à Brescia, vers 134. (*Brev. rom.*, 15 febr.)

Sainte Rufine et sainte Seconde, vierges, martyrisées à Rome, en 257. (*Brev. rom.*, 10 jul.)

Sainte Christine, vierge, martyrisée à Tur, en Toscane, vers 290. (*Mart. rom.*, 24 jul.)

Saint Eustathe, martyrisé à Ancyre, en Galatie, époque indéterminée. (*Mart. rom.*, 28 jul.)

Sainte Charitine, vierge, martyrisée peut-être à *Amisus*, dans le Pont, probablement en 304. (*Mart. rom.*, 5 oct.)

Saint Valentin, prêtre, et saint Hilaire, diacre, martyrisés à Viterbe, en 304. (*Mart. rom.*, 3 nov.)

Saint Anthime, prêtre, martyrisé à Rome, au IVe siècle, sous Dioclétien. (*Mart. rom.*, 11 mai.)

Saint Quirin, évêque de Siscia, en Pannonie, martyrisé à *Sabaria*, en 309. (*Mart. rom.*, 4 jun.)

7° Corps des martyrs jetés à l'eau après leur mort, et retrouvés miraculeusement.

Saint Clément I, 4e pape, martyrisé en 100. (*Brev. rom.*, 23 nov.)

Sainte Auréé, vierge, martyrisée à Ostie, vers le milieu du IIIe siècle. (*Mart. rom.*, 24 aug.)

Saint Arien, président, saint Théotique et trois autres, martyrisés à Antinoé, en Egypte, en 287. (*Mart. rom.*, 8 mart.)

Sainte Restitute, vierge d'Afrique, martyrisée sous Dioclétien. (*Mart. rom.*, 17 mai.)

Saint Vincent, diacre à Saragosse, en Espagne, martyrisé à Valence, en 304. (*Brev. rom.*, 22 jan.)

Saint Jean Népomucène, chanoine de l'église métropolitaine, à Prague, martyrisé en 1383. (*Brev. rom. App.*, 16 mai.)

Saint Josaphat Kuncewicz, évêque de Polotsk, en Lithuanie, martyrisé en 1623. (*Off. concess.*, 14 nov.)

8° Saints qui font sourdre de terre des fontaines.

C'est peut-être le miracle qui se lit le plus fréquemment dans la vie des saints. Je ne citerai que peu de noms.

A la prière de saint Pierre et de saint Paul enfermés dans la prison Mamertine, une fontaine sortit du rocher, et permit au prince des Apôtres de baptiser les gardes Processe et Martinien et quarante autres personnes qui avaient été converties, l'an 66. Cette prison souterraine a été convertie en église sous le nom de Saint-Pierre *in Carcere*. (*Brev. rom.*, 2 jul.)

Saint Paul, Apôtre des Gentils, fut frappé du glaive hors de Rome, au lieu appelé les *Eaux-Salviennes*. D'après la tradition, la tête en tombant rebondit trois fois, et, à chaque fois, elle fit jaillir une source d'eau vive, l'an 66. C'est l'endroit nommé maintenant les Trois-Fontaines. Une église s'y élève en l'honneur de saint Paul, dans laquelle sont renfermées les trois sources miraculeuses. (*Baron.*, an. Chr. 69, n. XIII.)

Saint Clément I, 4e pape, martyrisé l'an 100. (*Brev. rom.*, 23 nov.)

Saint Venant, de Camerino, martyrisé en 250. (*Brev. rom.*, 18 mai.)

Saint Julien, 1er évêque du Mans, mort au IIe ou IIIe siècle. (*Off. concess.*, 27 jan.)

Saint Caprais, martyrisé à Agen, vers 287. (*Mart. rom.*, 20 oct.)

Saint Maixent, abbé en Poitou, + 515. (Mab., *Act. SS.*, t. I, p. 579.)

Saint Yrieix ou Héraye, abbé d'Atane, en Limousin, + 591. (*Off. concess.*, 1 sept.)

Sainte Bathilde, reine de France, femme de Clovis II, + 680. (*Boll.*, 26 jan.)

Saint Isidore, laboureur, patron de Madrid, + vers 1130. (*Brev. rom. App.*, 15 mai.)

Saint Philippe Beniti, propagateur de l'ordre des Servites, + 1285. (*Brev. rom.*, 23 aug.)

Saint Jérôme Emiliani, fondateur des Somasques, + 1537. (*Brev. rom.*, 20 jul.)

9o Fontaines miraculeuses dédiées à des saints et dont les eaux servent à guérir toute espèce de maladies.

Les fontaines dues à la prière des saints ont été naturellement l'objet d'un culte : on n'a pas manqué de faire servir leurs eaux à la guérison des maladies et des infirmités humaines.

Mais il en est beaucoup d'autres qui sans avoir une origine miraculeuse ont été mises sous le vocable d'un saint, et dont les eaux, grâce à ce patronage, sont regardées comme ayant une vertu curative.

Le Poitou en compte plusieurs.

Par exemple, l'eau de sainte Macrine est très recherchée. Les trois fontaines situées aux alentours de son sanctuaire sont pieusement visitées par les pèlerins.

Saint Malo ou Macou dont j'ai parlé possède dans le département de la Vienne quatre fontaines miraculeuses, au moins, qui, dans ces derniers temps, étaient encore un but de pèlerinage très fréquenté.

J'arrête ici ces recherches, bien que le sujet m'attire. A plus tard, s'il plaît à Dieu.

235